目 次

　クリスチャンならだれでも、自分は新生によりキリストにあって新しく造られた者であり、「新しい心」「新しい霊」が与えられていると信じています。しかし、なぜ長い年月が経っても、また伝道や奉仕を忠実に行い続けても、内面的な解放感や喜びを感じられず、依存症的、衝動的な生き方や人間関係での対立に悩まされるのでしょうか。

　多くの場合、もっと聖書を読み、奉仕や伝道をするというように、さらなる努力に解決を求めようとします。それらは決して悪いことではありませんが、根本的な解決にはならないことがあります。

　天野ダニエルさんは、本書を通して、態度や言動の源泉である心が、新生してから完成に至るまで、神が備えてくださっている恵みによる働きかけの中で、癒され修復されていく必要があることを、私たちに教えてくれます。自らの体験や積み重ねてこられた学びと実践の中から、どの時代においても、キリストにある真の人として成熟するために不可欠な真理を解き明かしています。

　私の信仰の友でもある天野ダニエルさんの心からのメッセージを多くの方々に読んでいただきたいと思います。

仙台聖書バプテスト教会牧師　　鈴木　茂

　1988年10月，私はイエス様を救い主として受け入れ，私の人生をイエス様に献げました。まもなく私の中で大きな変化が起きたのを感じ，周りの人もそれに気づきました。当時すでに日本で暮らしていた私は，塞ぎこむことがよくあり，夫の母は私がいつか荷物をまとめ，子どもを連れてフランスに帰ってしまうのではないかと心配していました。でも，イエス様を受け入れて救われた後，私の顔に喜びがあふれるのを見て，義母の心配は消え去りました。夫はといえば，そのころ私にこんなことを言いました。「君は君なんだけど，どこか違う……。以前の君は，深い淵に今にも引きずり込まれそうな感じだった。でも今は，君が岩の上にしっかりと立っているのがわかる。」

　私は，過去のあらゆること，特に，いつもお酒を飲んで母に暴力をふるっていた父親に起因する心のダメージから解放され，癒やされたように感じました。喜びと平安に満たされ，絶え間なく神様を賛美したい思いにあふれ，それが行動にも現れました。みんなに福音を知らせたい思いに満たされ，実際そうしていました。

　このことで，聖書で"新しく生まれる"と言われていることを私は確信したのです。「だれでもキリストのうちにあるなら，その人は新しく造られた者です。古いものは過ぎ去って，見よ，すべてが新しくなりました」（Ⅱコリント5：17）。

　また，約束された新しいいのちも，身をもって知ったのです。「私たちは，キリストの死にあずかるバプテスマによって，キリストとともに葬られたのです。それは，ちょうどキリストが御父の栄

3

光によって死者の中からよみがえられたように，私たちも，新しいいのちに歩むためです」（ローマ6：4）。

　何年もの間，自分の心を変えようといろいろなことを試してきましたが，どうにもなりませんでした。ところが，それがかなったのです。救われた途端，約束どおり神様は私に新しい心を与えてくださいました。「あなたがたに新しい心を与え，あなたがたのうちに新しい霊を与える」（エゼキエル36：26）。私は神様に関することなら何にでも感激しました。そのうえ，そのとき患っていたバセドー病も奇跡的に治ったので，私はこう思いました。「医療も心理療法も必要ない。イエス様を信じる信仰で私たちのすべての問題は消え，どんな悪いものも良くなる。ハレルヤ，神様に栄光あれ」と。

　バセドー病はその後再発しませんでしたが，残念ながら後になって明らかな事実に直面しなければなりませんでした。私の心はまだ，変わることを，癒やしを必要としていたということです。そして，私だけでなく周りの多くのクリスチャンが，国籍に関わりなく，教会の「長老」やリーダーたちさえも，様々な問題を抱えていることに気づきました。人間関係，感情面，夫婦関係（クリスチャン同士でも），劣等感，うつ，依存症などの問題です。中には，純粋な信仰をもっているにもかかわらず，救いの喜びも，約束された平安も，神様の愛も感じられない，と私に打ち明けてくれる人もいました。

　また，ある人たちは，自分に問題があるのではないかという罪悪感から，自分は本当に赦され救われているのかと自問していました。何年も真面目に教会に通い，聖書を学び，祈り，主の良い弟子となるための訓練を重ねてきながら，心の奥底の変化も霊的な成長も実感できていませんでした。クリスチャンとして生きることの難しさに悩み，落ち込んでいる人が大勢いたのです。

　こうしたことが私に強く訴えかけてきました。

　生まれ変わるときに「新しい心」「新しい霊」を私たちに与えて

くださるという神様の約束は，真実で疑問の余地はありません。では，なぜ新たな人生のために必要なあらゆる良いものを神様からいただいているのに，多くの誠実なクリスチャンがその一歩を踏み出せずにいるのでしょう。なぜ彼らは，イエス様が私たちのために十字架によって得られた豊かないのちを実感できないのでしょう。なぜ主の良い弟子になりたいという願いや努力にもかかわらず，そうなれないのでしょう。なぜ神様が望まれた自分になることも，神様が一人ひとりのために用意されたご計画に入ることもできないのでしょう。それになぜ，心を一つにして一体であるべき教会（キリストのからだ）が，これほど仲たがいをするのでしょう。次々と疑問が湧き上がり，それらの答えを知りたいと思いました。

　周りのクリスチャンにいくら聞いても，納得のいく答えは得られませんでした。「だれも完璧ではないから」というのが一番よく聞く答えでした。それはわかっていたことで，完璧なのは神様だけです。とはいえ，「完璧でない」ことのほかにクリスチャンがそれらのことを「できない」原因があるのではないかと私は感じていました。

　これらの疑問について，最終的に私は直接神様に尋ねることにしました。

　私が抱いた疑問について，私の得た答えをこの本でお伝えします。その問題を解決するために神様が語っておられる大切なこと，そしてそれを担うのはだれかということについてもお話ししたいと思います。

　そのために，私自身や他のクリスチャンの体験とともに，関連するみことばも拠りどころとします。とりわけ，そこで使われているみことばのギリシア語本来の意味について，専門家であるヴァレリー・プジョルに監修をしていただきました。また，ジャック・プジ

5

ョルとコゼット・フェブリシィによる，フランスのこころのケア講
座『アンプラント』の教えに多くを負っています。

＊ヴァレリー・プジョル——フランスプロテスタント連盟副会長，
　聖書学者，2019 年版フランス語聖書編集主幹など。
＊ジャック・プジョル——牧師，精神療法医，著作家，セミネー
　ル・アンプラント創始者，ヨーロッパ・クリスチャン・カウン
　セラー協会会長など。
＊コゼット・フェブリシィ——心理学博士，教育心理学者，著作
　家，セミネール・アンプラント共同創始者など。

第1章　心の一新がなぜ必要なのか

「心を新たにすることで，自分を変えていただきなさい」（ローマ 12：2）。

　生まれ変わるとき，私たちは新たな霊と新たな心を受け取ります。新しい心を受け取ったのに，なぜまた新たにしなければならないのでしょう。具体的に，心の何を変えなければならないのでしょう。

　それを知るために，ここで「心」と訳されている元のギリシア語について見てみましょう。このギリシア語はヌースで，英語では mind と訳されます。ヌースは，知覚や理解する能力で，推論し，検討し，考え，判断する能力でもあります。つまり，私たちの知性のことです。

　ですから，新たにしなければならないのは，私たちの推論の仕方，考え，信念などです。

　しかし心の一新は，mind（知性）だけではなく，heart（心）にも関わってきます。実は，聖書の中で「知性」と「心」はよく同一視されているのです。たとえば，「悪い考えは……心から出て来るからです」（マタイ 15：19）とあります。ここでの「心」の元のギリシア語はカルディアです。カルディアは，英語なら heart で，こころや心臓を意味します。このみことばでは，ヌースと同じ意味合いで使われていますが，カルディアは特に，感情や欲望や愛着や情念などをつかさどっています。

　ということは，私たちは感情や欲望，愛着の対象なども一新しなければならないのです。

すなわち，生まれ変わっても，さらに私たちの心（mind と heart の両方）を新しくしなければならないのです。イエス様と歩み始めた当初，私はこのことをきちんと理解しておらず，私自身や多くのクリスチャンが直面した困難の原因がここにあることもわかっていませんでした。

　多くのクリスチャンたちと同じく私も，生まれ変わった後の心の中はすっかり新しくなると思っていました。実際，自分の中の様々な変化を実感しました。けれども，「新しく造られた」（Ⅱコリント 5：17）にもかかわらず，どうして以前とまったく同じように，心に葛藤があったり，人と衝突してしまったりするのかわかりませんでした。なぜ，まだ「私は，したいと願う善を（あまり）行わないで，したくない悪を（まだ頻繁に）行って」（ローマ 7：19）しまうのでしょう。

　私は，なぜこうしたことが起きるのか，それが心の一新とどのように関わっているのかがよくわかっていませんでした。

　そこで神様は，私に理解できるよう，生まれ変わる前の人の心の状態と，生まれ変わった後の人の心の状態のイメージを与えてくださいました。それが次頁の図です。

　イエス様を受け入れ，生まれ変わるとき，クリスチャンは心の一新に必要なすべてを受け取ったとみなされます。それなのに，なぜ多くのクリスチャンが，純粋な信仰にもかかわらず，約束された豊かないのちを享受できないのでしょう。救いの喜びも，自分自身や隣人や神様への愛も感じられないのはなぜでしょう。なぜ心の平安を感じられないのでしょう。なぜ悪い習慣や行動を捨てられないのでしょう。神様に赦されたのに罪悪感に押しつぶされそうになるのはなぜなのでしょう。

　簡潔に言えば，それは私たちの心に一気に消せる“デリートキ

8

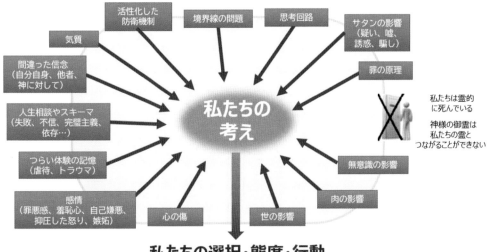

生まれ変わる前の私たちは霊的に死んでいて罪の原理の下にあり，サタン，間違った信念，情念，世，肉などの影響を受けています。これらによって私たちの考えが生まれ，そこから私たちの行動が導かれます。

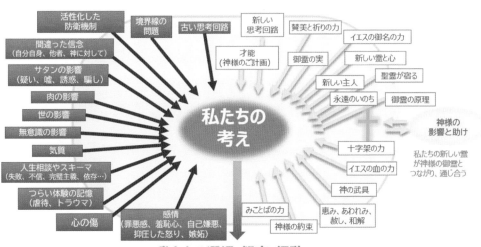

私たちと神様の和解が成り立ちます。罪の原理から解放され，私たちの中に宿ったいのちの御霊の原理の下にあります。新しい心，新しい霊，新しいアイデンティティ，新しい主人，平安，豊かないのちなどあらゆる祝福を受け取ります。

ー”がないからだ，とわかりました。ですから2番目の図にある
ように，生まれ変わった後も，古い思考回路，自分自身・他者・神
様についての間違った信念（思い込み），心の傷，つらい体験の記
憶などが残っていて私たちの考えに影響し続けます。その結果，私
たちの選択や態度や行動や反応などにも影響を及ぼしているのです。

　私たちは，回心のとき新しい資質や新しいいのちの原理を確かに
受け取りましたが，古い資質がまだ残っています。だからこそパウ
ロは，「……腐敗していく古い人を，あなたがたが脱ぎ捨てるこ
と」（エペソ4：22）と言っているのです。

　イエス様を喜ばせたい，イエス様のようになりたいと新しい資質
が願う一方で，まだ残っている古い資質がそれを邪魔し，この二つ
の資質の闘いによって，私たちの心はまさしく戦場となります。

　ようやく私は，心の中で葛藤を感じていたことと，悪い考えや行
動が残り続ける訳を理解できました。心の一新がなぜそれほど必要
なのかがとうとうわかったのです。

　ほとんどのクリスチャンは，心の中に新旧二つの資質が共存し，
そのせいで葛藤が生じていることに気づきません。生まれ変わった
ときにすべての祝福を受け取った，と信仰をもって宣言したにもか
かわらず，そうなれていない原因もここにあります。このことがわ
かっていないために，罪悪感に捕らわれて，「私は信仰が足りな
い」「私はダメなクリスチャンだ」と自分を責めたり，本当に救わ
れていないのではないかと落ち込んだりしているクリスチャンが少
なからずいるのです。

　そうしたクリスチャンに対して，教会はどのようなことを勧めて
いるでしょう。

　教会で聞いた説教，教会での聖書の勉強，クリスチャンの本など
を通して，私はこの問題の解決や心の一新ができるようになるには，
霊的な闘いしかないと信じてきました。何年もの間，私はその霊的

な闘いに没頭し，そのテーマについて教えもしました。しかし残念なことに，期待したようにはならないという事実を認めざるをえませんでした。

当時，自分たちの未熟さ，うつ，劣等感，苦悩，孤独，夫婦間の問題などを霊的に解決しようとしていたクリスチャンたちは，30年経っても相変わらず同じ問題で霊的な闘いを続けています。彼らの多くは，それらの問題がより深刻になっています。

このような事実を見ると，問題への"対処法"が明らかに間違っていたということではないかと思います。

心の一新は，霊的な面だけに関わっているわけではありませんでした。それゆえ，一新する方法も霊的な闘いだけではないのです。

では，どうすればよいのでしょう。葛藤を抱えたクリスチャンを助けたいという強い思いを与えられた私は，どのように働けばいいのでしょう。

「神はみこころのままに，あなたがたのうちに働いて志を立てさせ，事を行わせてくださる方です」（ピリピ2：13）。

このみことばによって，私のうちに置かれた志を行えるようになると確信することができ，そして実際にそのとおりになりました。

第2章　心の一新と心理学の関係

「……あなたがたの霊，たましい，からだのすべてが……」（Ⅰテサロニケ5:23）。

「霊，たましい，からだ」と訳されている三つのギリシア語が，詳しくは何を指しているのかを見ていきましょう。

▶からだ（ソーマ）

形があり具体的なので，最もわかりやすいものと言えるでしょう。からだは，私たちが仮の宿とする天幕（テント）であり，生まれ変わると「聖霊の宮」になります。からだは「死ぬもの」です。

▶霊（プネウマ）

私たちにいのちを与える息のことで，英語では spirit です。霊という言葉は，人間だけでなく，神様の霊（御霊）についても使われます。

「御霊（プネウマ）ご自身が，私たちの霊（プネウマ）とともに，私たちが神の子どもであることを証ししてくださいます」（ローマ8:16）。

私たちは霊によって神様の臨在を感じます。私たちと神様が互いにつながり通じ合うのも，霊によってです。

▶たましい（ギリシア語：プシュケー，ヘブル語：ネフェシュ）

たましいは，からだ（ソーマ）の中に住んでいる"自分自身"で，mind（ヌース）と heart（カルディア），つまり心もそこに含まれます。私たちの信念，考え，感情などの心理・精神的な領域です（英語 psychic はギリシア語のプシュケーから来ています）。

「……そのたましい（ネフェシュ）は彼のために嘆くだけです」
（ヨブ14：22）。

　人間は，様々な面から成る存在です。人間のからだ，霊，たまし
いは互いに深く作用し合っています。密接に絡み合っているので，
三つは簡単に分けられません。人間がよく機能するために補い合っ
ているので，どれもおろそかにせず同等に扱われるべきです。
　しかし，クリスチャンの間では，たましい，特に心（感情や信念
など）が軽んじられ，そのせいでクリスチャンによく見られる問題
が解決できていないように思えます。
　ある分野の問題にはその分野の専門家の助けを必要とするように，
私たちのからだ，霊，たましい（心）の問題にもそれぞれの専門家
が必要です。身体的（somatic）な問題には医師が，霊的（spiritual）
な問題には牧師（聖職者）が，たましいの問題には心理療法士
（psychotherapist）などが必要です。本来それらの専門家が協力
して働くべきです。
　クリスチャンの多くは心理的（psychic）な問題で苦しんでいた
ので，それを解決するためには心理的な方法も使われるべきでした。
霊的な対処法だけでは期待した結果が得られないのはそのためです。
　ではどうすればよいのか，と私は考えました。教師に必要な心理
学の基礎知識は持っていたとはいえ，心理的な問題を抱えているク
リスチャンを助けるには十分でないように思いました。でも日本語
が達者でない私が，この日本でどうやって専門知識を習得すればよ
いのでしょう。
　しかし私は，それが神様の御心で，この日本で私のために備えら
れたご計画ならば，今度も導いてくださると信じていました。そし
てそのとおりになりました。
　まさしく"奇跡的"に，通信教育でこころのケアを学んでいた札

13

幌在住のフランス人と連絡を取ることができました。彼から，ジャック・プジョルとコゼット・フェブリシィによる講座『アンプラント』を紹介してもらい，2003年9月からその学びを始めました。

　私はこの学びを非常に興味深く感じました。というのも，聖書と心理学の双方に基づいていたからです。キリスト教と心理学は水と油のようだとよく言われていましたが，そうではないことがわかりました。むしろ，クリスチャンを内から造り変え，霊的な成熟へと導くために，補い合えるものだと感じました。

　私は2007年にカウンセラーの資格を得ました。コゼット・フェブリシィにスーパーヴァイザーを引き受けてもらい，通っていた教会でこころのケアを始めました。クリスチャンの抱えている，心の問題の手助けをするうちに，この学びの質の高さだけでなく，その有効性も実感できました。

　こころのケアは，心の一新において重要な役割を担うこともわかりました。それによって「……キリストの満ち満ちた身丈にまで達する……」（エペソ4：13）ために神様が私たちに備えてくださったすべての祝福を，自分のものとすることができます。

　私は，心理学と聖書の双方によるアプローチが良いものであることを確信しました。良い実をもたらしたからです。聖書は，その実で木を見分けられると言っています。

　「良い木が悪い実を結ぶことはできず，また，悪い木が良い実を結ぶこともできません」（マタイ7：18）。

　日本や海外でこころのケアを実践しているクリスチャンからも，それを高く評価する声が届き，私の確信はいっそう強まりました。

　しかしその後すぐに思い知らされたのは，クリスチャンの間では心理学に関することに，総じて強い反発や大きな不信感があるということでした。それは今も変わらず感じています。多くのクリスチャンが，心理学の内容や効用についてよく知らないまま，「心理学

は世のもの」のような紋切り型の言葉で拒絶します。

　クリスチャンによくあるのが，問題を解決し霊的に成長していくには，信仰を持ち，聖書を学び，祈り，欠かさず礼拝式に出て，霊的な闘いをするだけで十分だという考え方です。

　よく人からこう反論されました（もっとも，私自身もかつてはそう思い込んでいました）。「こころのケアなんて必要ない」，「どんな問題もイエス様が答えだ」，「みことばだけが癒やせる」と。では，なぜ，そう言っているクリスチャンが病気のときに医者にかかるのか，納得できませんでした。

　クリスチャンだからといって，糖尿病もうつも防げないように，クリスチャンなら必ずそうした病が治るというわけではないのです。

　先ほど説明したように，たましいはからだと同じく私たちの一部です。両方とも神様が造られたのに，なぜその大切な一部（特に心）を軽んじてしまうのでしょう。

　罪が世界に入ったとき，あらゆるわざわいに扉を開きました。そのわざわいは，人間のあらゆる面に悪影響を及ぼしています。神様は，私たちの**すべて**が「……霊とたましいと体とが，……主イエス・キリストが再び来られる時，少しも非難されない者として……」（Ⅰテサロニケ5：23，リビングバイブル）あるよう望んでおられます。ですから，たましい（心）についても大切に扱い，ふさわしい方法でケアしなくてはなりません。

　神様は，医学の分野で人間にいくつもの発見をさせ，心理学の分野でも同じようにされました。それを利用すべきではないでしょうか。それらが悪意をもって利用されることもあります。だからといって，クリスチャンが医療を拒否することはないのに，なぜ心理療法は拒否するのでしょう。

　それに，神様はある人には心理療法を行うために必要な能力や才能を与えてくださっています。たとえば，自分を理解する能力や他

者を理解する能力，慰める才能です。それを用いるべきではないで
しょうか。神様はなぜ彼らにその能力や才能をお与えになったので
しょう。心に苦しみを抱えているクリスチャンの兄弟姉妹たちのた
めではないのでしょうか。パウロがローマ人への手紙12章4-8節
で言っているように，与えられた賜物を教会で使うことは，神様が
私たちに望んでおられることではないでしょうか。

　人を助けたいとき，心理学を用いてその人をより良く理解しよう
と努めるのは，霊性を下げることでしょうか。

　心理学やこころのケアについていろいろ否定的なことを聞かされ
ても，私の確信はまったく揺らぎませんでした。苦しんでいるクリ
スチャンを助けることが，ここ日本で，「この時のため」（エステル
4:14），神様が私に託された使命だという確信です。

　また，聖書のいくつかのみことばが，苦しんでいるクリスチャン
の心に寄り添い，ケアをすることはまさに神様の御心だということ
を示していました。ジャック・プジョル，コゼット・フェブリシィ，
ヴァレリー・プジョルによる，聖書に基づいたいくつかのテキスト
は，そのことをはっきり示していると感じました。次の3，4章は
それらのテキストを拠りどころにしています。

「兄弟たち，あなたがたに勧めます。怠惰な者を諭し，小心な者を励まし，弱い者の世話をし，……」（Ⅰテサロニケ5：14）。

　パウロは初期の教会で，心に苦しみを抱えたクリスチャンに寄り添うことについて，テサロニケ人への手紙の中で述べています。原文のギリシア語本来の意味を調べると，パウロが言っているのはどういうことかがわかります。

●「あなたがたに勧めます」の「勧める」のギリシア語はパラカレオーで，パラとカレオーの複合語です。パラは「かたわらで，ともに」の意で，同じ接頭語を持つ言葉として，私たちとともにある聖霊を指すパラクレートスがあります。カレオーは「大きな声で呼ぶ」「勧告する」などの意です。

　パラカレオーは一般に「励ます」「慰める」とも訳されますが，「懇願する」という意味もあります。たとえばマルコの福音書5章22, 23節で，ヤイロがイエスのもとを訪ね，死にかけている娘を助けに来てほしいと一生懸命願っています。ここでは，「勧める」というよりも，「懇願する」「心から頼む」ということです。

●「怠惰な者」と訳されているアタクトスは，持ち場についていない兵士，ふさわしい部署や場につかない人，才能や能力を活かしていない人で，取るべき責任を取らない人を指しています。転じてクリスチャンなら，その人の才能や能力を生かすよう神様が用意された場所についていない人を指します。

●「諭す」のギリシア語はヌーセテオーで，「叱る」「戒める」「訓戒する」などの意です。しかしパウロは「……私の愛する子どもとして諭すためです」（Ⅰコリント4:14），「……涙とともにあなたがた一人ひとりを訓戒し続けてきた」（使徒20:31），「……兄弟として諭し」（Ⅱテサロニケ3:15），「……あらゆる知恵をもって，すべての人を諭し」（コロサイ1:28）と優しさを込めて用いています。以前の新改訳聖書第三版では，ここのみことばは，「兄弟たち。あなたがたに勧告します。気ままな者を戒め，小心な者を励まし，弱い者を助け……」と訳され，もっと厳しい印象でした。その印象はまだ影響力を持っています。

●「小心な者」はオリゴプスコスで，オリゴとプスコスの2語から成っています。オリゴは「少ない」を意味し，プスコスは精神・たましい（mind & heart）を意味します。文字どおり，精神的に弱く，心に問題を抱えている人のことです。元気づける必要のある，不安な人，気力のない人などです。「小心な者」というよりも精神的に弱っている人を指しています。

●「励まし」のパラムセオマイは，「励ます」「慰める」「やさしい言葉で落ち着かせる」などの意です。パラカレオーと同様，聖霊（パラクレートス）と同じ接頭語パラを持つ言葉です。たとえばヨハネの福音書11章19節で，「マルタとマリアのところには，兄弟のことで慰めようと，大勢のユダヤ人が来ていた」のように使われています。

●「弱い者」のアスセネスは，「身体や心が弱い人」のことで，自分を無力，無価値，傷つきやすいと感じている人のことです。

●「世話をし」のアンテコーは，そばで大切に支える，大事にケアをするの意です。

パウロを通して神様が私たちに求めているのは，教会の中で苦し

みを抱えている人に寄り添うことである，とはっきりわかります。ギリシア語本来の意味を理解したうえで，このみことばでパウロが伝えたかったことを次のように言い換えることができます。

「兄弟姉妹たち，あなたがたに心から頼みます。与えられた才能や能力を生かすよう神様が用意された場所についていない人を，優しく諭してください。心の弱った人を優しい言葉で慰め励まし，元気づけてください。自分を無価値と感じている傷つきやすい人を助け，大切にケアしてください。」

パウロは，教会の最も弱い人たちを，あわれみ深く愛にあふれる心で助けるよう，私たちに頼んでいます。

ただの一度も，悪霊を追い出させなさい，決まりどおりにさせなさい，もっと厳しく訓練させなさい，すべきことやすべきでないことを教えなさい，信仰が足りないと咎めなさい，などと言ってはいません（それらのせいでいっそう苦しんだ，と打ち明けられたことが残念ながら，よくあります）。パウロがクリスチャンの兄弟姉妹たちに頼んでいるのは，苦しんでいる人に優しく寄り添い，支えることです。

寄り添い支えるとは，どういうことでしょうか。このテーマに関する聖書のもう一つのみことばを見ましょう。

第4章　聖徒たちを整える

「こうして，キリストご自身が，ある人たちを使徒，ある人たちを預言者，ある人たちを伝道者，ある人たちを牧師また教師としてお立てになりました。それは聖徒たちを整えて奉仕の働きをさせ，キリストのからだを建て上げるためです」（エペソ4 : 11, 12）。

　私はここで，聖徒たちを整えることについて様々な面から論じたり，それぞれの奉仕者の役割について詳しく述べたりするつもりはありません。この章では，「整える」という語に着目し，元のギリシア語の意味をより深く掘り下げてみたいと思います。その中の特に一つの意味が私には最も重要だと思えるのに，ほとんど関心を持たれていないからです。その意味には，「キリストのからだを建て上げるため」に教会の中で精神的に弱い人（オリゴプスコス）に寄り添うという大切なステップが示されています。

　「整える」にあたるギリシア語のカタルティスモスは，動詞カタルティゾーから来ている言葉です。この動詞には，「破れたものを繕う，修繕する，修復する，整える，補強する，〜できるようにする，〜にふさわしくする，装備する，人やものを役目がうまく果たせるようにする」などの意味があります。

　カタルティゾーは，網の修繕の意味で用いられます。「イエスは……ゼベダイの子ヤコブとその兄弟ヨハネが……**網を繕っているの**を見ると……」（マタイ4 : 21）。

　私がここで取り上げたいのは，カタルティスモスに込められているこの「修復・修繕」の意味です。この言葉は，訓練のようにとら

えられていて，「修復・修繕」という見方はほとんどされていません。

　網が破れていたら，まずそれを直さなくてはなりません。そうでないと，魚を捕るという役目をうまく果たすことができません。

　私たちも同じです。クリスチャンになって，信仰によって，またキリストの血によって義と認められても，神様が用意された奉仕を果たせるようになっているわけではありません。私たちはまず修復・修繕を必要としていることがほとんどです。

　私たちは自分の体験や育てられ方などによって傷ついていることが多く，まっすぐに育ってはいません。心がボロボロになっていたり，鎧をまとっていたり，自分自身・他者・神様について間違った思い込みを抱えていたり，感情的に未熟だったりすることもあります。これらすべてが，私たちの思考，感情，選択，行動などに強く影響し続けます。

　神様は，回心のときに私たちをその状態のまま受け入れてくださいますが，ずっとそのままの状態でいることを望んではおられません。なぜなら，私たちは修復なしには，神様が計画された使命をきちんと果たすことができないからです。またキリストのからだである教会で自分たちの奉仕をすることも，あらかじめ備えてくださった良い行いをすることもできないからです。

　神様は，「あらゆる良いものをもって，あなたがたを整え，みこころを行わせてくださいます」（ヘブル13：21）。神様がみこころを行わせてくださるとはどういうことでしょうか。パウロを通して神様は，前述のエペソ人への手紙4章のみことばの後，そのことについて詳しく教えてくださっています。

　「私たちはみな，神の御子に対する信仰と知識において一つとなり，一人の成熟した大人となって，キリストの満ち満ちた身丈にまで達するのです。こうして，私たちはもはや子どもではなく，人の

悪巧みや人を欺く悪賢い策略から出た，どんな教えの風にも，吹き回されたり，もてあそばれたりすることがなく，むしろ，愛をもって真理を語り，あらゆる点において，かしらであるキリストに向かって成長するのです」（エペソ4：13-15）。

「成熟したおとなになって」，「もはや子どもではなく」，「あらゆる点において……成長する」というパウロの言葉は，「聖徒たちを整えて，キリストのからだを建て上げるため」に，成熟する必要があることを示しています。つまり，クリスチャンは成熟をめざして，変化のプロセスに入る必要があるのです。成熟に関しては後の章で詳しく述べます。ここで強調しておきたいのは，成熟を可能にするために必要な「心の修復」は，自分のみに任されているのではなく，聖霊はもちろんのこと，兄弟姉妹，教会のリーダーたちの助けも借りる必要があるということです。

神様は，成長するために助けてもらうことがどれほど大きな力となるかをご存じだったので，教会とその奉仕をつくられました。クリスチャンとしての歩みが止まってしまったときには，成長するために互いに助け合うことが必要です。

聖徒たち（クリスチャン）を修復し，神様に望まれた存在となり，みこころを行うことができるようにすることこそ，神様が教会のメンバーだけでなく，とりわけリーダーたちに与えた責任なのです。

残念ながら教会では，まず取り組むべきこの「修復」がたいていおろそかにされています。クリスチャンが教会ですること，すべきことと規律や訓練のほうに重点が置かれています。人間を存在としてとらえる "being" よりも，その行動を通して価値づけようとする "doing" に偏ってしまいます。

まず，感情などの癒やしによる「修復」，成熟に向けた心の一新とともに，教えや聖書の学びなどによる「備え」が必要です。それによって，クリスチャンが主体〔自分の意志や判断に基づき，責任

を持って行動する存在〕となる（being）ことができます。それは過去のしがらみから解放された新たな者，神様に望まれた者になることです。その結果として，古い資質からくる行いではなく，神様がその人のために特別に用意された良い行い（doing）ができるようになります。

　これまで述べたことを図にすると，次のようになります。

修復する　備えられる	主体となる　being	行動する　doing

　この順序が守られないと，クリスチャンは整えられた弟子になることもできません。主体的に行動する（action）ことができず，反応する（reaction）だけになってしまいます。自分のために用意された神様のご計画も実現されず，教会は一つになれず，キリストのからだを建て上げられないのです。

　そのことについて，次の章で具体的に見ていきます。

第5章　一つの器官が悪化すれば，からだ全体が悪化する

「一つのからだには多くの器官があり，しかも，すべての器官が同じ働きをしてはいないように，大勢いる私たちも，キリストにあって一つのからだであり，一人ひとりは互いに器官なのです」（ローマ 12：4, 5）。

「さて，兄弟たち，私たちの主イエス・キリストの名によって，あなたがたにお願いします。どうか皆が語ることを一つにして，仲間割れせず，同じ心，同じ考えで一致してください」（Ⅰコリント 1：10）。

人のからだは，一つであっても，異なった様々な器官から成り，頭（脳）の指令で動いています。同様に，キリストのからだである「教会」も複数から成る一体です。一人ひとり違う「私」が集まって「私たち」を形づくり，イエス様に導かれ，同じ心で同じ目的をめざして進みます。霊的な成熟，良い行い，伝道などを通して教会を建て上げるためです。この地上で神様が望んでおられるのは，そのような教会です。本来これが教会のあるべき姿ですが，残念ながら現実はこうではありません。教会は仲たがいし，クリスチャンの兄弟姉妹たちがときには敵対してしまいます。

地域の教会も「私」が集まって「私たち」になります。人のからだがうまく機能するた

めには，どんなに小さな器官であっても，きちんと機能を果たしていなければなりません。一つの器官がうまく機能しないと他の器官にも影響が及び，からだは次第に機能不全に陥ります。

　自分たちの教会が神様のご計画どおりになることを望むなら，一人ひとりが神様から与えられた役割を果たせる状態でなくてはなりません。

　教会で聖徒たちを修復（カタルティスモス）するとは，苦しんでいるメンバーに寄り添い，苦しみの原因を見つけ，少しずつ解放し回復する手助けをすることです。それによって，その人が良くなり本来の役割を果たせるようになるだけでなく，からだ（教会全体）がうまく機能するようにもなります。

　教会には苦しみを抱えているメンバーが大勢いることを，この十数年こころのケアをしてきたなかでつくづく実感しました。

　中には，トラウマや受けた虐待に対して何のケアも受けられずにいたことで苦しんでいる人もいます。そこまで重いケースではなくても，子どものころに親に満たされるべき基本的な欲求が満たされなかったことから苦しんでいる人が多くいます。安全，愛情，帰属感，自己肯定感などが得られなかったり，アイデンティティや境界線などを尊重してもらえなかったりしたからです。こうしたことが原因で，感情的な成熟が妨げられてしまった可能性があります。からだは大人になっていても，感情的には子どものままで，愛や帰属感などに飢えているのです。このような人は無意識にいつもこの飢えを満たそうとし，それがその人の行動を決めてしまいます。

　そのことは教会において，どのように現れるでしょうか。

　たとえば，帰属や承認を強く求めているクリスチャンは，無意識に教会で受け入れられ，認められようと躍起になり，なんでもやろうとしてしまいます。そして無理をしてあらゆる責任を引き受けてしまうことになります。その人の教会での働きは，"心の渇き"（満

たされていない欲求）から来ているのです。もしそれが神様のご計画なら，必要なものが与えられ，良い実を結ぶはずですが，そうではないので，そのための能力や才能などもなく，すぐ疲れ果ててしまい，良い実をもたらせず，ついにはやる気をなくしてしまいます。そして，「何もかも私がやってるのに，○○さんはなんにもしない」と他のメンバーや教会に対して恨みをつのらせ，「○○牧師って恩知らずよね。これだけやってるのに，感謝の一言もないんだから」などと陰口を言ったりするおそれがあります。このようなことを実際私は何度も目にしてきました。

　また，神様がその人のために備えられた本来の働きがなされないために，教会自体もうまく機能することができなくなり，教会を建て上げることができません。

　一人ひとりの修復がなされないと，教会がうまく機能できないだけではなく，「皆が語ることを一つにして，仲間割れせず，同じ心，同じ考えで一致」することができません。一人ひとりの「私」が心の中の欠如を無意識に満たそうとすると，それぞれがバラバラな方向に行ってしまい，同じ心で同じ目的をめざして進むことができないのです。

　教会が健全で堅固となり，良い実を結ぶためには，まずメンバー一人ひとりの「私」が健やかでしっかりとし，過去のしがらみや古い資質から解放されなければなりません。メンバー一人ひとりが成熟し，自分の才能（賜物）を活かして良い実を結ぶ必要があります。修復と成熟のために聖霊の助けが必要なのはもちろんです。でも，それとともに，兄弟姉妹やリーダーたちの寄り添いと支えも必要だということを私はここでお伝えしたいのです。

　この本における「こころのケア」とは，この寄り添いと支えのことです。

第6章　クリスチャンのこころのケアとは

「わたしは失われたものを捜し，追いやられたものを連れ戻し，傷ついたものを介抱し，病気のものを力づける」（エゼキエル34：16）。

　私は今も，霊的な成熟への歩みを続けられなくなった"傷ついた羊"たちに出会うことがよくあります。彼らはなんとか生きようともがいていますが，本当に必要としている助けを，教会で見つけることができません。彼らを見ていると，良きサマリア人のたとえの中の，手を差し伸べるべき人たちから助けてもらえなかった傷ついた旅人を思わずにはいられません。

　彼らが助けを求めたときに返ってくるのは，たいていは決まりきった次のような言葉だけでした。「忘れて，赦しなさい」，「神様の恵みはあなたに十分である」，「信仰は山をも動かす」，「イエス様がすべての答えだ」などです。

　さらに，自分に罪があると責められ，苦しみの原因も自分にある，とまで言われます。「夫があなたを殴るなら，それはあなたのせいです。神様の御心どおり，あなたが夫に従い，夫をもっと愛したら，もう殴られることはないでしょう。あなたの良い行いで，彼は"神のものとされる"ことさえあるでしょう」と。その証拠として，必ずエペソ人への手紙5章22節とペテロの手紙第一，3章1節が読み上げられます。

　あるいはさらにこう言われます。「人からされたことでまだ苦しんでいるなら，あなたは本当には赦していないということです

よ！」　彼らの問題，苦しみ，霊的な未熟さは，たいてい本人の罪から来ているとされます（他の人の罪とされることはめったにありません）。また，信仰，献身，愛，赦しなどの足りないせいにもされてしまいます。

　こうして，パウロがテサロニケ人への手紙第一，5章14節で頼んでいるあわれみ，支え，手助けを得られず，代わりに非難ばかりされた彼らの苦しみは増すばかりです。その結果，教会の中で苦しんでいる大半のクリスチャンは，責められることを恐れ，諦めて口をつぐんでしまいます。そしてうまくいっているふりをする（仮面をかぶる）か，助けを求めて教会から教会へと渡り歩くことになります。

　さらには，人生をより良く変えてくれないキリストを信じる信仰に見切りをつけかねません。「こんなの嘘っぱちだ」と，聖書を破る人を見たこともあります。彼らがそのようになるのは無理もありません。実際，神様の代理人であるクリスチャンの中には，苦しんでいる人に目を向けないばかりか，彼らをいっそう傷つけ罪悪感を抱かせ絶望させてしまっている人も少なからずいます。これでは，聖書に書かれているとおり神様が自分のことを理解し，愛し，傷ついた者を包んでくださると，どうして信じられるでしょう。

　クリスチャンが教会に期待し求めていること（自分自身，夫婦，家族，信仰などに関して）と，それに対する教会の対応には，残念ながらいまだに大きなギャップがあると言わざるをえません。

　クリスチャンの苦しみは，教会の中でなぜこうもなおざりにされたり，たいしたことでないとされたり，ないものにまでされたりするのでしょう。最も弱い人が優先されるべきなのに，ほとんど顧みられないのはなぜでしょうか。リーダーたちはなぜ"迷える子羊"の手当てをしないか，したとしても正しい手当てができないのでしょう。手に負えないからでしょうか。"オールスピリチュアル（霊

的対応)"を絶対視したり、"ソウルケア"としてみことばだけを用いたりするのは、心理的な分野に疎いことを見抜かれたくないからでしょうか。

　リーダーたちを非難するつもりはまったくありません。"迷える子羊"の手当て（こころのケア）はすぐできるようになるものではなく、学んで身につけるものだからです。心理学を学んでいない"羊飼いたち"は、どうやって"迷える子羊"を手当てできるでしょうか。神学校で、心理学は「世のもの」なので絶対に関わってはならないと教えられれば、こころのケアを学ぶことはおろか、敵視さえするようになるでしょう。

　もしそうした人たちが牧師になれば、今度は自分が教会のメンバーに心理学を警戒しなければならないと教えることでしょう。すると、心の弱った人（オリゴプスコス）がふさわしいケアを教会の内でも外でも受けることができなくなってしまいます。そのため、多くのクリスチャンがずっと問題から抜け出せず、傷口が開いたまま弱くなってしまうでしょう。そうなれば、これはクリスチャンの修復を望んでおられるイエス様を悲しませることになるでしょう。弱った彼らにこころのケアが必要なことは明らかです。

　では、クリスチャンのこころのケアとは、厳密にはどういうものでしょうか。こころのケアは、信頼関係の上に成り立つものです。信頼関係を築くことによって、ケアを必要としている人がカウンセラー（支援者）と言葉をやりとりし、苦しみを言葉にすることができるようになります。

　現在抱えている問題を解決するために、その人の過去を知る必要などないと言われることがよくありますが、それは間違いです。過去には、問題の原因と、変わるための糸口が潜んでいます。幼児期によってどういう大人になるかが決まるとも言われますから、その人の過去はとても重要です。過去の体験を話せるよう手助けするこ

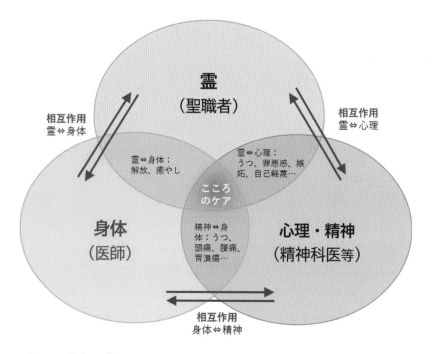

とで，現在の苦しみとのつながりが理解できるようになり，良くなるためにどうしたらよいかが少し見えてきます。

　クリスチャンのこころのケアは，上の図のように身体的（ソーマ，からだ），霊的（プネウマ，霊），心理的（プシュケー，たましい）の３領域が交わる部分に位置します。

　こころのケアは，この３領域をどれもおろそかにすることなく考慮していきます。どんな傷も三つすべてに関わるからです。

　こころのケアを行うためには，三つの領域すべての専門家である必要はありません。ただ，こころのケアを行うのに必要な知識と，傾聴とコミュニケーションのテクニックを身につけることが求められます。そのスキルによって，自分の扱える範囲の問題であれば，こころのケアを行うことができます。それを超えている場合は，よりふさわしい専門家のもとへ行くよう勧めます。

　クリスチャンのこころのケアは，心理的・霊的な領域における十分な知識に基づいた手助けによって，自分自身や他者や神様とより良い関係を築くことをめざします。ですから，こころのケアは，心理学と聖書（神様の視点）の双方に基づいて行うものです。

心理学に基づいたこころのケア

　こころのケアは，おもに心理療法（psychotherapy）で使われる次の四つのアプローチを取り入れています。

- ●精神分析的アプローチ（フロイト）
- ●認知行動療法的アプローチ（アーロン・ベックなど）
- ●クライエント中心療法的アプローチ（カール・ロジャース）
- ●交流分析によるアプローチ（エリック・バーン）

　心理学を学ぶことで，その人の成育環境や体験，社会，文化などを考慮し，心（脳）の働きとその人の行動のつながりが理解できるようになります。心理学の知識は，正しく判断するために必要です。四つのアプローチは，問題の解決に向けてその人にふさわしい寄り添い方を見つける助けとなります。

　こころのケアは，心理学の助けを借りながら，苦しんでいる人の症状を和らげるだけでなく，心の一新にも寄与することができます。クリスチャンとしての新たな歩みと成熟を妨げている，古い資質に立ち向かえるようにするからです。そのために，生まれ変わった後も残り続けている間違った思い込み，考え方，抑圧された感情，心の傷，成長を妨げている防衛機制〔心理的な安定を保とうとする無意識的な心理的メカニズムのこと〕，スキーマ（性格の癖），境界線などに取り組みます。

　しかし，医学と同様，心理学にも限界があります。両方とも人間の科学であるがゆえに，完璧なものではないからです。だからこそ，

こころのケアは聖書も拠りどころとする必要があります。

聖書（神様の視点）に基づいたこころのケア

クリスチャンのこころのケアは，苦しんでいる人に，抱えている問題に見合うみことばを示すだけのものではありません。

テクニックなどは心理療法と同じものを使いますが，そこに，人間のための神様のご計画という，より大きな視点が加わります。ただ癒やすというだけにとどまらず，神様ご自身との和解です。神様との和解がなければ，より豊かな心を持つことはできません。私たちが造られたのはイエス様との個人的な関係のためであり，私たちの存在理由もそこにあります。心理学が重要なのはもちろんですが，心理学は現世に関わるだけです。イエス様への信仰は永遠にも関わるものなので，より重要です。

さらに，修復は神様のご計画の一部なので，苦しむ人に寄り添うクリスチャンは，聖霊の助けを得ることができます。聖霊だけが，「心を探り」，「明らかにし」，「納得させ」，「真理に導き」，「慰め」て，人間を解放し，癒やす力を持っておられるからです。

こころのケアを行うクリスチャンは，みことばやイエス様への祈りなどからも力を得ることができます。

クリスチャンのこころのケアは，実は次頁の図のように三者で行います。カウンセラー（寄り添い支える人），クライエント（苦しんでいるクリスチャン），聖霊（神様）の三者が，相互に働いています。

クリスチャンの観点では，こころのケアによって症状が緩和され，自分自身や他者とのより良い関係が築かれるだけで十分とは言えません。その人が神様と近づき，神様にゆだねられるようになる，つまり霊的な成熟へと向かうことをめざさなければなりません。

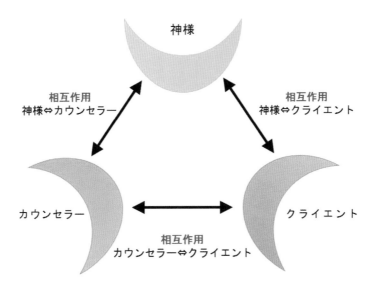

第7章　クリスチャンの霊的な成熟とこころのケア

　「それは，聖徒たちを整えて奉仕の働きをさせ，キリストのからだを建て上げるためです。私たちはみな，神の御子に対する信仰と知識において一つとなり，一人の成熟した大人となって，キリストの満ち満ちた身丈にまで達するのです。こうして，私たちはもはや子どもではなく，人の悪巧みや人を欺く悪賢い策略から出た，どんな教えの風にも，吹き回されたり，もてあそばれたりすることがなく，むしろ，愛をもって真理を語り，あらゆる点において，かしらであるキリストに向かって成長するのです」（エペソ 4：12-15）。

　一般的に成熟とはどのようなことでしょうか。まず，様々な成熟があることを知っておく必要があります。

  - ▶身体的成熟——大人の身体になること
  - ▶知的成熟——考え，決断し，責任を負う，などができること
  - ▶社会的成熟——他者と良好な関係を持ち，自立し，働き，社会の決まりを守る，などができること
  - ▶感情的・情緒的成熟——ありのままの自分を受け入れ，自分の感情を認めて，ふさわしい方法で表現する，などができること
  - ▶霊的成熟——神様との交わりを持ち続け，神様や隣人や自分を愛し，大切にすることができ，恵みのうちに成長するため聖霊と賜物を熱心に求めることなど

　これらの成熟はそれぞれ別々に進むため，身体は大人であっても態度や行動は子どもっぽいということが起こり得ます。別々とはいえ，感情的・情緒的成熟と霊的成熟の二つは密接につながっていま

す。

　感情的・情緒的に未熟だと霊的にも成長することはできません。問題を解く糸口はそこにあります。

　感情的に未熟なクリスチャンは，"無意識に"自己中心的に反応してしまいます。イエス様中心でありたいと思っていても，そうできないのです。

　人は，「今いるところ」からしかスタートできません。ですから，クリスチャンが霊的に成長するためには，まず感情的に成熟する必要があります。感情的に未熟なままだと，「一人の成熟した大人となる」ためにどんなに努力しても無駄になってしまいます。

　こころのケアでは，まず感情的な成熟を手助けしていきます。

　感情的な未熟さの特徴を見ていきましょう。

　人は，あらゆる面で成長するために必要なものを，もともと持っています。しかし，特に幼児期におけるトラウマ体験や悪い環境などによって，この成長が止まってしまうことがあります。

　身体的な面でいえば，子どもが栄養失調だったり，事故や病気で障がいが残ったりすると，成長が妨げられてしまいます。感情や情緒の面でも同様です。トラウマがあったり，安全，帰属，愛などの基本的な欲求が満たされなかったり，その逆に度を越した愛情や過保護で育てられたりすると，子どもの感情的な成長が妨げられてしまいます。すなわち，その子が大人の年齢に達しても，感情の面ではその当時の年齢に止まることになります。6歳までの幼児期が最もダメージを受けやすいので，幼児期に深く傷ついた人はそのときから感情面では成長できていません。もし自分に対して何の働きかけもしないなら，感情年齢は幼児のまま止まってしまいます。

　クリスチャンになっても，この状態は変わりません。生まれ変わっても，その人には相変わらず感情的に未熟な人の特徴が見られます。御霊の実を結ぼうとしてもできず，霊的に成長できません。

具体的には，次のような特徴が現れる可能性があります。
- ●感情のコントロールがうまくできない
- ●自分を守るために無意識に心に蓋をしてしまい，救いの喜びも，平安も神様の愛も感じられない
- ●不信感が強まり，神様さえ信頼できなくなる
- ●神様よりも，身近な人から承認を得ようとする
- ●見かけだけの世界に住む
- ●境界線やアイデンティティなどの問題を抱える，など

　こうしたことが，その人を霊的な成熟とは逆の方向に向かわせます。感情的に未熟な人は無意識に，自分を騙し，操り，惑わそうとする敵（サタン）に，つけ入る隙を与えてしまうこともあります。そして，「人の悪巧みや人を欺く悪賢い策略から出た，どんな教えの風にも，吹き回されたり，もてあそばれたりする……」ことになってしまいます。

　「偽教師が来て，本当の福音とは別のもの〔筆者注＝現代なら繁栄の福音など〕を宣べ伝えたり……それらをすぐに受け入れ，信じてしまったからである」（Ⅱコリント11：4，現代訳）。

　未熟なクリスチャンは，神様からきているものか，そうでないかの見分けがなかなかつきません。私はこれまで，クリスチャンの兄弟姉妹（リーダーさえも）が，「聖霊が私に○○しなさい（○○に行きなさい，みんなにこう伝えなさい……）と言われました」と言うのを何度も聞いてきました。しかし後になって，ほとんどは神様からきたものではないことが明らかになりました。彼らに聞こえたのは，自らの古い資質と感情的な未熟さからきている内なる心の声でした。それが，聖霊のささやくような優しい声を覆い隠し，雑音のようになって，神様との交信を妨げます。良い羊飼いの声を聞き分けられず，従うこともできません。

　クリスチャンのこころのケアは，心理学の知識とテクニックを拠

りどころとして，クリスチャンが霊的な成熟に向けて歩み出せるよう，感情的な成長を促す手助けをします。つまり，「愛する」ことができるようになり，「被害者」として過去に操られるのではなく，「主体」として（神様にゆだねながら）生きるように導きます。また，自分中心ではなく神様中心になれるようにします。それによってbeingとdoingをバランスよく活かせるようになり，親のプランや社会の型から抜け出して神様のご計画に入れるようになります。

　それは具体的にどのようなことか詳しく見ていきましょう。

霊的な成熟は，神様，他者，自分自身を愛し，大切にすることと結びついている

　「イエスは彼に言われた。『「あなたは心を尽くし，いのちを尽くし，知性を尽くして，あなたの神，主を愛しなさい。」 これが，重要な第一の戒めです。「あなたの隣人を自分自身のように愛しなさい」という第二の戒めも，それと同じように重要です』」（マタイ22：37-39）。

　「あなたの隣人を自分自身のように愛せよ」という戒めは，「人はだれも自己中心的で自分をとても愛しているので，自分と同じようには隣人を愛せない」という前提で解釈されがちです。ところが，こころのケアをしていて，自己愛が強すぎて隣人を愛せないというクリスチャンに出会ったことがありません。むしろ，自己肯定感がなく，自己蔑視さえしている人がほとんどで，それが隣人を愛し，神様を愛する妨げになっていました。

　「隣人を自分自身のように愛せよ」は，神様と隣人を愛するには，まず自分自身を愛する必要があるということです。事実，自分を愛することはわがままとは違います。自分を愛するとは，ありのままの自分を受け入れ，自分を責めず，自己卑下せず，自分を尊重し，

自分の言動を一致させ，自分を表現することです。残念ながら，心の弱っているクリスチャンはこれらができていません。自分を愛するということは，神様が私たちを愛していることを信じ，神様の目に自分は尊いと信じることでもあります。

　自分を愛するためには，幼いころから愛されることが必要ですが，感情的に未熟な人はそれが欠けていたか，間違った愛され方をしたことがよくあります。

**　こころのケアでは，自分を愛せない人が自己肯定感を取り戻せるよう導きます。そうすることで，それまでのように相手に期待を満たしてもらおうとするのではなく，隣人をその人自身として無条件に愛せるようになり，「心を尽くし，いのちを尽くし，知性を尽くして」神様を愛せるようになります。**

霊的な成熟は，被害者としてではなく，主体として生きることと結びついている

　「キリストは，自由を得させるために私たちを解放してくださいました。ですから，あなたがたは堅く立って，再び奴隷のくびきを負わされないようにしなさい」（ガラテヤ5：1）。

　「すべて疲れた人，重荷を負っている人はわたしのもとに来なさい。わたしがあなたがたを休ませてあげます。わたしは心が柔和でへりくだっているから，あなたがたもわたしのくびきを負って，わたしから学びなさい。そうすれば，たましいに安らぎを得ます。わたしのくびきは負いやすく，わたしの荷は軽いからです」（マタイ11：28-30）。

　修復されていないクリスチャンは，心が一新されないまま，古い資質，過去，無意識，間違った思い込み，抑圧された感情などのくびきを負い続けています。それらの悪い影響を受け続け，いつまでも被害者のまま，自分の判断で行動する（action）のではなく，た

38

だ反応している（reaction）だけです。自分で責任を取らなくてすむように，「あいつらのせいだ」などと被害者の立場を利用することさえあります。しかし神様は私たちが主体として生きるよう望んでおられます。つまり，自由な主体として，選択，決断，行動の責任を取るということです。人は，自分を縛っている鎖から解放され，成長し成熟するために，自分の人生の当事者であることを受け入れなければなりません。

　ひとたび過去のくびきから解放されれば，自分から進んで喜んでイエス様の新たなくびきを負うことができます。イエス様のくびきは負いやすく軽いので，イエス様と一緒にそれを背負えば，私たちの務めはもっと楽になり，正しい道を進むことになります。イエス様とともにようやく新たな人生を歩むことができます。

**　こころのケアでは，被害者として生きていた人を過去の鎖から真に解放し，主体となれるよう手助けします。**

霊的な成熟は，捕らわれている考えから解放され，神様に従うことと結びついている

「人が心で考える，そのとおりの人である」（箴言23：7，詳訳聖書）。

　私たちの思い込みが思考を生み，それが感情，選択，態度，ふるまいなどを導きます。さらに私たちの行動や，人生さえもそこから導かれます。もしネガティブな考えを持っていたら，人生も必然的にネガティブなものになるでしょう。

　いくら行動を変えようとしても，背後にある思い込みや考えを変えないままでは，どうにもなりません。自分自身や他者に関する見方や思い込みは，たいてい幼少期につくられ，まるでコンピューターのプログラミングのように，その人の中に書き込まれます。それに気づいて再検討しないかぎり，知らないうちに人生をコントロー

ルされてしまいます。

　たとえば，「おまえは間違って生まれた」，「欲しくなかった」，「おまえが生まれていなければ，こんなに苦労しなかったのに……」などと言われた子どもは，自分には価値がない，愛されるに値しない，存在する価値さえない，という間違った思い込みを取り込んでしまいます。大人になってもみじめなままで，それはクリスチャンになっても変わりません。新しく生まれ変わったとしても，間違った思い込みが自動的に変わるわけではないからです。間違った思い込みがあると，聖書のみことばを自分のものとして受け取れなくなります。ですからこの人は，自分は神様に愛されている，自分には価値がある，神様に望まれたのだから生きる権利がある，と心から思うことができません。

　こころのケアでは，間違った思い込みによって人生をコントロールされている人が，そのことに気づき，思い込みを特定し，真実に置き換えられるよう手助けします。それによって自分の考えと神様の考えが一致し，行動や人生も神様の御心にかなったものとなり得ます。

霊的な成熟は，本来の自分になり，神様の召しに応えられることと結びついている

　「あなたはヨハネ〔ヨナ〕の子シモンです。あなたはケファ（言い換えれば，ペテロ）と呼ばれます」（ヨハネ 1：42）。

　「あなたはペテロです。わたしはこの岩の上に，わたしの教会を建てます」（マタイ 16：18）。

　私たちはほとんど，親のプランと社会の型によってつくられています。それによって歪められてしまうことも，神様が望んでおられる本来の自分からかけ離れてしまうこともあります。本来の自分とは，神様が自分のためだけに備えてくださったご計画を実現するた

めに必要な才能を与えられている，唯一の存在です。

　親にはたいてい理想の子どものイメージがあり，そのイメージどおりに自分の子を育てようとします。親はそれを良いことと思っていても，残念ながら，それは子どもをありのままに受け入れているとは言えません。つまり，子どもの気質，願望，感情，基本的欲求，才能などを尊重しないことになってしまいます。

　子どもは親の期待に応えようとし，結果的に，子どもにとって親の願望が自分の願望になってしまいます。その子は自分自身である権利を奪われ，もはや自分がだれで，何を望み，どんな才能や能力を持っているかもわからなくなってしまうでしょう。

　私はこころのケアで，親のプランや社会・文化の型によって傷を負ったクリスチャンにたくさん出会ってきました。彼らは，本来の自分でいられないことやアイデンティティの問題を抱えて苦しんでいます。

　クリスチャンになればアイデンティティの問題が解決すると思うのは間違いです。クリスチャン以外のあらゆる自分のアイデンティティのルーツを消してしまうと，むしろ様々な不調が生じます。福音は，クリスチャンであること以外のルーツを否定せず，それらを調和のとれたものにします。

　自分のアイデンティティを見つけることは，本来の自分に向かう歩みです。

　本来の自分になると，生きる喜びが生まれます。そうすると，自分自身，他者，神様との間に平和がもたらされます。過去や他者の視線から自由になり，"仮面"をつける必要がなくなり，ありのままでいられます。本来の自分になることは，世の影響や人から操られることを防いでくれます。

　こころのケアでは，人が本来の自分になることをめざします。クリスチャンが本来の自分に向かっていくプロセスにおいて，その人

のルーツ，気質，才能，能力，長所や短所なども見つけ，それらを受け入れ，調和をもたらすよう手助けします。

　本来の自分を見つけると，自分のための神様のご計画がわかり，その計画に入り，神様とともに働くことができるようになります。そして，教会を建て上げ，神様の御業を進めるための大切な石となれます。パウロのように，「うしろのものを忘れ」（ピリピ 3：13），自分への神様の召しを聴き取り，それに応えるには，まず過去の鎖から解放されて本来の自分になる必要があります。

　本来の自分になり，本当のアイデンティティを見つけることで，私たちは神様に近づきます。それは自分のための神様のご計画に近づくことだからです。

　本来の自分になることで，神様との直接の関係ができるようになります。それは，愛の関係であると同時に，私たちを愛してくださる神様に自ら望んでゆだね従う関係です。

　神様のご計画に入るためには，私たちは親のプランから抜け出す必要があります。先に挙げたみことば（ヨハネ 1：42，マタイ 16：18）は，このことを端的に示しています。シモンという名は父ヨハネ（ヨナ）の付けた名前で，親のプランから来ていますが，それは神様のご計画ではありませんでした。ですから神様は彼に，別の名「ペテロ（石）」をお与えになりました。その名前は，生まれる前から神様が彼のために立てておられたご計画，「神様の教会をその石の上に建てる」を表しています。それが彼の本来の使命でした。

　ところで「召し」「使命」にあたるギリシア語はクレシスで，これは動詞カレオーからきている言葉です。カレオーは「呼ぶ」「招く」の意ですが，「人に～という名を与える」「～という名を授かる」という意味もあります。神様の召しに伴う名前の変更を，私たちは聖書の中で何度も目にします。

　「主はアブラムにこう仰せられた（後に彼はアブラハム "多くの
国民の父" と名づけられます）。『生まれ故郷から出て，親族と別れ，
父の家を離れ，わたしが示す所へ行きなさい。そうすれば，わたし
はあなたを偉大な国民とし，あなたを祝福し，あなたを有名にして
あげよう。あなたは祝福の基となる』……」（創世 12：1，現代訳）。

　このみことばは，本来の自分になるために，つまり召しに応え，
自分のための神様のご計画に入るためには，自分をつくった（歪ま
せた）親族と別れる必要があることも示しています。

　「わたしが示す所へ行きなさい」は，ヘブル語ではレフ・レハー
で，「あなた自身に向かって歩みなさい」の意味です。言い換えれ
ば，「あなたのためのわたしの計画を実現できるよう，召されたと
おりの自分になりなさい」ということです。

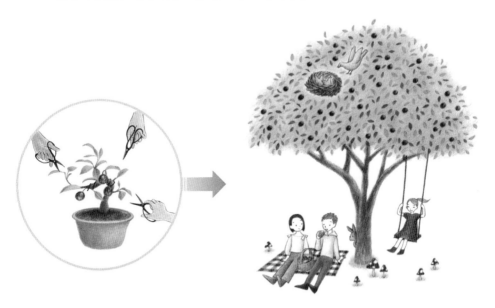

召されたとおりの自分になりなさい

　このことをわかりやすく見せてくれるのが，イモムシから蝶への変態のプロセスです。イモムシはずっとイモムシのまま生きるようつくられたのではありません。蝶になって植物を受粉させ，生命の再生を担うために生まれます。イモムシが自分の中に蝶への変態に必要なすべてを備えているように，神様は人間の脳にも同じような働きを備えてくださいました。

　私たちの脳にはニューロンと呼ばれる神経細胞があり，そのネットワークがあらゆる行動に関わっています。ネットワークは，経験や活動，他者との出会いなどに応じて絶えず変化しています。消えるネットワークもあれば，新たにつくられるネットワークもあります。脳にこの柔軟性がなければ，新たに学習することができず，人が変わることは不可能になります。

　こころのケアを行うには，こうした脳に関する知識も役に立ちます。人が神様に望まれた本来の自分に変わっていけるよう手助けするとき，こころのケアのテクニックや実践に科学的根拠を与えてくれるからです。

　その知識があれば，どのような手助けが有効か，むしろ逆効果かがわかります。たとえば，ああしなさい，こうしなさいと指示するだけで人を変えることはできません。自分や他者や神様についての間違った思い込みを変える手助けをすることで，深く永続的な真の変化をもたらすことができます。そして，霊的に成長できないのは，必ずしも意志や努力，信仰，献身などが足らないわけではないこと

もわかります。心理的に妨げているものがあるからかもしれないので，その場合はふさわしいケアが必要です。

　感情的，心理的など様々な原因で霊的な成熟に向けた歩みが止まっているクリスチャンを手助けするのは，そう簡単なことではありません。

　外科医が手術を成功させるには，スキルはもちろんのこと，人体に関する知識や適切な器具が必要なように，苦しみを抱えた人に寄り添うこころのケアのカウンセラーは，効果的なケアを行えるよう，脳や心理学に関する知識やテクニックが必要になります。人体に関する知識を持ち合わせず，外科の訓練も積んでいない外科医の手に自分をゆだねたくないのと同様，心という繊細で壊れやすいものに対する備えのできていない人の手に，心をゆだねようとは思えません。

　苦しみを抱えたクリスチャンに寄り添うには，ふさわしくない方法，つまり効果がないばかりか破壊的ですらある方法を用いてはなりません。

こころのケアの第 1 原則は傷つけないこと
こころのケアは容易にできるものでも，やってよいものでもない
こころのケアは学んで身につけるもの

第8章　なぜこころのケアを学ぶ必要があるのか

「盲人が盲人を案内できるでしょうか。二人とも穴に落ち込まないでしょうか」（ルカ6：39）。

「兄弟たち，あなたがた自身は善意に満ち，あらゆる知識で満たされ，互いに〔優しく〕戒め合うことができると，このわたしは確信しています」（ローマ15：14，新共同訳）。

　神様は教会のリーダーや私たちに，心が弱って打ちひしがれている兄弟姉妹を助けるよう求めておられますが，私たちだれもがそれらの人を助けることができるのでしょうか。彼らをもっと傷つけたり，自分が傷ついてしまったりするおそれはないでしょうか。

　人を助けられるかどうかは，支援の形，問題の深刻度，自分自身の能力や限界，才能，知識，さらには自身の感情的・霊的な成熟度などに関わっています。

　たとえばうつ状態の人に対して，様々な手助けが考えられます。家事や子どもの世話などのほか，注意深く思いやりのある傾聴，みことばや祈りによる励ましなどもあります。このような助けには，ある程度の能力に加え，傾聴やうつについての基本的な知識などが必要になりますが，これらは一般の人でもできる手助けといえます。

　しかし，うつ病の回復のためには（必要に応じた薬の服用とともに）こころのケアが必要になります。こころのケアを行う人は，感情的・霊的な成熟，深い知識，テクニック，つまり学ばなければ身につかない技量が必要です。そして何よりもまず，正しく判断するために，うつとはどのようなものか，どのようにうつを見分けるの

かを知っておかなければなりません。

　間違った判断を下せば，対処法も破壊的なものになるおそれがあります。たとえばうつ状態の人に，うつは霊的な問題で悪霊に憑かれたせいだと言い，悪霊を追い出す祈りで治そうとしたりすることがあります。それでは治らないばかりか，トラウマになってしまうかもしれません。また，クリスチャンでありながらうつになるなどあり得ないと言ったりします。うつは病気なのに，信仰の足らないせいにして罪悪感を抱かせ，うつをいっそう強めてしまうことになります（悲しいことに，間違った判断と対処法のせいで苦しんでいる人が多く見られます）。

　正しくうつと判断しても，うつの深刻度によって自分で扱えるレベルかどうかを見極め，それを越えている場合は，精神科医や心理療法士などの専門家に任せる必要があります。

　何のためにこころのケアを学ぶのでしょうか。それにはいくつも理由があります。

人を助けるためにこころのケアを学ぶ

　これまで，神様の御心どおり人を助けたいという思いがあるのに，やり方がわからないという，以前の私と同じような多くのクリスチャンに出会いました。残念ながら，人を助けるには思いだけでは不十分で，確かな技量が必要です。

　生きにくさを抱え苦しんでいる人に寄り添い，その人が抱えている問題（それはたいてい過去と関連している）に対処する手助けをするには，こころのケアを学ぶ必要があります。こころのケアは，自己肯定感の低さ，未熟さ，アイデンティティの問題，感情，人間関係の悩み，虐待，夫婦間の問題など，様々な領域にわたっています。こころのケアを学ぶことで，離婚，重い病気，事故，死別，自然災害，トラウマなどの危機に直面している人の支えになることが

できます。

　つまり，人を助けるためには心理学の知識とテクニックの習得が必要であり，こころのケアの学びはそれに応えるものです。とはいえ，知識の習得だけでなく，人を助ける前にやっておかなければならないことがあります。それは，自分自身への働きかけです。実際，もし自分が過去の鎖に捕らわれたまま，感情的・霊的に未熟だったら，いくら十分な知識があったとしても人を助けることはできません。「盲人が盲人を案内できるでしょうか。」　こころのケアの学びは，人を助けるうえで必要不可欠な自分自身への働きかけを可能にします。

自分のためにこころのケアを学ぶ

　こころのケアを学ぶとき，まず自分自身がケアの対象になります。

　まず自分を見つめ直し，自分自身の間違った思い込み，抑圧された感情，人生脚本，成熟のレベルなどに気づけるようにします。

　学んでいくにつれて，知識やテクニックが身についていき，自分自身へのセラピーができるようになります（場合によっては，こころのケアのカウンセラーか心理療法士の助けが必要になることもあります）。

　たとえ深刻な問題を抱えていなくても，クリスチャンならだれでも何らかの面で自分自身への働きかけをしなければなりません。自分自身へ働きかけることは，神様から与えられた能力や才能などを見つける助けにもなります。それらを用いることで，その人のためだけの神様のご計画を実現することが可能となります。

　これまで見てきたように，神様は心の弱っているクリスチャンを助けるよう，兄弟姉妹だけでなく，教会で指導的な立場にある人にも求めておられます。彼らには特に，聖徒たちを整える（修復も含む）働きをしてほしいと求めておられます。

リーダーたちもこころのケアの学びが必要ではないでしょうか。

よく指導できるようこころのケアを学ぶ

回心のとき，私たちは自動的に過去の鎖や古い資質の影響から解放されるわけではありません。それは教会のリーダーも同じで，彼らも修復を必要としているかもしれません。

神学の確かな知識を習得し，牧師になるための教育を受けても，感情的な成熟は望めません。感情的に未熟だと霊的な成熟が妨げられることを思い出してください。

多くの人が，霊的な成熟度は聖書に関する知識の量で測れる，という間違った思い込みを持っています。これらの知識が必要不可欠であるのはもちろんですが，それでリーダーの成熟度を測れるわけではありません。神学の面では優秀で，良い成績で牧師の資格を取ったような人が，感情的にも霊的にも未熟なことがあります。それは自分自身への働きかけが必要だったにもかかわらず，できていないからです。自分は聖書についての深い知識があるから成熟していると思っているリーダーは，自分について思い違いをしていて，指導される人たちもそう思ってしまいます。

霊的な成熟は，次のような基準で測ることができます。
● 神様との親密な関係を持ち，神様に忠実で，自分自身のための神様のご計画の中で責任を果たすことができている。
● 私生活と，人に説いている内容が一致している。
● あらゆる面で聖書の教えを実践し，正直で，クリスチャンとしての生き方の良いモデルになっている。パウロは，リーダーになる人は自分の家庭をよく治める人でなければならないと言っています。「自分自身の家庭を治めることを知らない人が，どうして神の教会を世話することができるでしょうか」（Ⅰテモテ3：5)。

- 教会員の霊的な成熟や才能を見分けることができ，適任者に自分の権限や責任を任せられる。
- 自分の"群れ"を良いほうに導いていくために，神様の声を聞き取ることができ，その声に従える。
- "子羊"たちを愛し，大切に"群れ"の世話をしている。聖書には「世話をする」にあたるギリシア語が二つあります。一つはポイマイノー（ヨハネ21：16）で，食べ物を与える，手当てする，守るという意味です。もう一つのボスコー（ヨハネ21：15, 17）は，それらの意味のほかに，教会員の霊的な安定を守ることを意味します。

　残念ながらほとんどの日本の神学校では，いまだこころのケアに関する教育も実践も行われていません。そのため，将来リーダーになる人の中に，修復（カタルティスモス）を必要としていたのに修復されず，感情的に未熟なまま卒業していく人がいることになります。彼らは牧師の資格を持っていても，上に述べたことができません。

　そのようなリーダーは，感情的に未熟なまま，無意識に自分に足りないものや欲しいものを，立場を利用して満たそうとすることがあります。すると，自分にとっても教会にとっても破壊的な様々な落とし穴に陥るおそれがあります。たとえば，権力欲で自己肯定感の低さを埋め合わせようと権威主義に陥ったり，子どものころ満たされなかった愛情欲求から教会員との恋愛問題が生じたりします。また，他者との境界線が引けないため，人を助けようと必要以上にやりすぎて，力尽きてしまうこともあれば，承認欲求のせいで神様よりも教会員を喜ばせようとすることもあります。

　彼らの行動やものの見方は，聖霊でなく自分の感情によって決まってしまう可能性があります。"群れ"を良いほうに導いていくために神様の御心を聞き取れないかもしれません。また，心の働きや

扱い方についてよくわかっていないため，傷ついた"子羊"たちにふさわしいケアができないおそれもあります。

　自分では神様に牧師として召されたと信じていても，そうでないこともあります。聖霊の声と，自分の古い資質からきている内なる声を，無意識に混同してしまっているからです。このような思い違いの召しは，自分にとっても教会にとっても問題を引き起こす可能性があります。自分への働きかけをしていれば，本来の天職を見いだせたはずなので，そうした問題を避けられたかもしれません。

　神学校の課程や教会の弟子訓練の中で，こころのケアの学びが採用されたなら，現在教会で見られる多くの問題はなくなり，教会が強められ，健全に建て上げられるように思います。地域における教会のイメージや影響力も，大きく改善されていくことでしょう。

良い証しと伝道のためにこころのケアを学ぶ

　「あなたがたは地の塩です。もし塩が塩気をなくしたら，何によって塩気をつけるのでしょうか」（マタイ5:13）。

　「このように，あなたがたの光を人々の前で輝かせなさい。人々があなたがたの良い行いを見て，天におられるあなたがたの父をあがめるようになるためです」（マタイ5:16）。

　周りの人に，どうして教会に行かないのか，なぜもう教会に行きたくないのか，クリスチャンになりたくないのはなぜかと尋ねると，よく次のような答えが返ってきます。

　「クリスチャンは偽善者，裏表がある」とか，「クリスチャンは，日曜日だけのクリスチャン」，「私の知ってるクリスチャンはそれほどできた人間じゃないし，幸せそうじゃない。だからクリスチャンになりたいなんて思えない……」。

　それらは，クリスチャンとして育てられた私が，思春期にそこから遠ざかった理由と同じものでした。

悲しいことに，教会に偽善者（羊の皮をかぶった狼）がいるのは事実です。けれども私がお話ししたいのは，誠実なクリスチャンでありながら，まだ修復されていないために，心ならずも良くない証しになってしまっている人たちのことです。彼らが人に伝えていることと態度や行動の間にはギャップや矛盾が多く，そのせいで偽善者に見えてしまうことがあります。

　そのうえクリスチャンは，クリスチャンでない人から"高潔な人"というイメージを持たれてしまい，そのイメージと比べられがちです。

　もちろんこの地上で，私たちがイエス様の完全さに到達することは不可能ですが，私たちの心が新しくされ，私たちが修復され備えられることによって，イエス様のご性質が少しずつ私たちの中で成長していくのがわかります。

　「あの方は盛んになり，私は衰えなければなりません」（ヨハネ3：30）。

　心の中の古い資質の影響力が「衰えていく」につれて，新しい資質の影響力が「盛んになる」と，私たちは「主と同じかたちに姿を変えられていきます」（Ⅱコリント3：18）。そして私たちの証しは，より信頼されるものになります。

　こころのケアの学びは自分への働きかけをしながら進めます。それは，回心のときに受け取った新しい豊かないのちを邪魔している古い資質への働きかけです。それによって，私たちが宣べ伝える福音と一致した生き方ができるようになります。私たちが受け取った平安，喜び，愛，あわれみなどを人に与えられるようになります。これは，私たち一人ひとりや教会のために，神様があらかじめ備えてくださった良い行いができるようになるということでもあります。

　良い行いは，教会の中でするだけのものではありません。良い行いが教会の中だけのものだったとしたら，マタイの福音書5章16

節にあるように，人々はどうやって「あなたがたの良い行いを見て，天におられるあなたがたの父をあがめるようになる」ことができるでしょう。人が教会に来るのを待つのではなく，イエス様のように，自らその人たちがいるところに出向き，彼らが真に求めていることに応える必要があります。

　日本でもすでに，地域の窮乏の中にある人たちを支援するミニストリーに打ち込んでいる教会もあります。たとえば，食料，衛生用品，医薬品などの物的支援で，それはとても良いことです。その一方で，自死，過労死，虐待，ひきこもりなどが非常に多いうえに深刻化しており，精神面でのケアの必要も叫ばれています。そうした支援がもっと拡がる必要があります。

　こころのケアを学んだクリスチャンも，心に苦しみを抱えている人の支援もすべきでしょう。その人の霊的な必要に応えようとする前に，まずその人の心が今必要としているものに応えなければなりません。

　他の国々と同様，日本にも苦しんでいる人が大勢います。私たちを通して神様に彼らの傷ついた心を癒やしていただくことで，神様の愛がそこに現れるでしょう。クリスチャンから傷ついた心を大切にケアしてもらうことで，クリスチャンが伝道の際によく言う「イエス様はあなたを愛しています」という言葉が，本当に意味をもって伝わるはずです。

　こころのケアを通して彼らは，自分は偶然に生まれたのではなく，創造の神様（聖書の神様）に望まれた唯一の存在であること，神様の目に自分は尊いこと，神様には自分のためだけのご計画があることなどがわかり，それを信じることができるようになります。

　こころのケアは，クリスチャンでない人が福音を聞くきっかけにもなります。また，彼らの心から“雑草”が取り除かれ，みことばの“種”を受け入れる良い地になり，その種から芽が出るようにな

ります。

　その人たちがクリスチャンになると，すでに感情的に成長しているので，霊的な成長も順調に進むでしょう。それによって，助けを求めて教会から教会へと渡り歩かずにすみ，マインドコントロールやカルト，偽預言者，間違った教え，霊的虐待などの被害に遭わずにすみます。

　教会の存在が地域に変化をもたらすべきです。そのために教会は地域に関わる必要があります。たとえば精神面での支援として，教会員以外の人にこころのケアを行うことができます。また，虐待・DVの被害者や被災者などを担当している福祉関係者と協力して働くとともに，必要に応じてこころのケアの学びを提供することもできます。さらに，その人たちとともに離婚，虐待，自死などの予防に取り組むこともできます。

　人類の癒やしは神様のご計画です（イザヤ61：1）。すべてのクリスチャンは，そのご計画のために神様の手足となって働くよう召されています。つまり，傷ついた心や人生を修復し，サタンのみならず，過去にとらわれている人を解放するために神様とともに働くことなどです。

　神様が自分を置かれた場所で，修復を担う人になりましょう。そのために，こころのケアの学びと実践のミニストリーを教会で立ち上げることです。そのミニストリーを，教会の中だけでなく，地域でも行っていく必要があります。それが良い証しとなり，伝道も可能となります。

　クリスチャンは，こうした目的のためにこころのケアを学ぶ必要があるのです。

　近年，教会またはキリスト教の団体や大学において，クリスチャンがこころのケアを学べる講座が増えてきています。以前から行わ

れていたものもありますが，東日本大震災の後になって海外から導
入されたものがほとんどです。講座によっては，まったく違うこと
を教えているものもあるので，どれを選んだらよいのか迷ってしま
います。

　講座を見極めるポイントは，成果があるかどうか（どんな実を結
んでいるか）ですが，中には残念ながら悪い実を結んでいるものも
あります。実際私は，心理学の知識に基づかない"カウンセリン
グ"で傷ついた何人もの人のこころのケアを行ってきました。そう
した"カウンセリング"は，指示的で罪悪感を抱かせ，みことばが
心を癒やす乳香ではなく，武器のように使われています。

　良い講座を選ぶ基準は次のようなものです。

●心を修復し，霊的な成熟へと導くことをめざしている

●聖書の価値観を尊重している

●聖書の知識と心理学の知識とのバランスがとれている

●ケアを受ける人を尊重している

　次の章では，実際にこころのケアを学んだ人や，こころのケアを
受けた人の証しを紹介します。

第9章　証　し

こころのケアを学んで

　私がこころのケアを学びたいと思ったのは、次のようなことから
でした。私の通っていた教会と職場で出会う人々の中に、多くの心
を病んだ人がいて、その方々にどのように対応すれば良いのか悩ん
でいました。教会では信仰を持てるように導き、職場では「うつ」
や「パニック障がい」の方に丁寧に仕事の指導をしても、なかなか
良い結果に結びつきませんでした。その方たちの苦しみは、人生に
直結した心の叫びや経済的問題です。自分のやり方が的を射ていな
い気がしているけれど、どこが違うのかがわかりませんでした。そ
んなとき、こころのケアは、聖書に基づいたものだと聞いて、"学
びたい"というより、"学ばなければならない"という気持ちでした。
　実際に学び始めると、私は続けて参加していけるか心配になりま
した。メンバーは優秀な方ばかりで、私はといえば心理学の知識な
ど全くないのです。でも、最初のレッスンで、「あらゆる分野の人
が学ぶことができ、ケアを行う可能性があり、プライベートな話を
されやすい職種の美容師やタクシーの運転手など、また単に友だち
や家族を助けたいという人も……」とあり、私の求めているのはこ
れだと知らされて勇気をもらいました。またその中の「こころのケ
アを必要としている人」という箇所で、私自身の問題が具体的な文
字となって、私の中に入ってきたのです。劣等感、自己卑下、とき
どき襲ってくる不安、「ノー」と言えない自分、受身の人生、「人生
脚本」など。それは行き詰まった私に大きな変化をもたらすものと
なりました。

　数十年前にイエス様を信じてからは,「祈り」と「信仰」で心の問題も解決すると頑張りました。しかし, ただ心に封じ込めただけの心の傷は, 時が経つとまたぶり返してくるのです。それを「信仰の量」で判断してきたし, されてきました。教会の奉仕にすり替えて自分をごまかしても罪悪感がありました。「苦しい！　何か違う！　カウンセリングを受けてみよう」とカウンセリングを受けることができたのも, こころのケアを学んだからです。「霊的に救われるということは心理学的に治癒するという意味ではない」と学び, 区別して考えることで, 救われた確信があるのにどうして繰り返される苦しみがあるのか, 理解できました。それがわかると, いろいろな問題が信仰だけで解決できないのは納得できます。テキストに,「自分自身を知り, ありのままの自分を受け入れ, 愛する」,「失敗の概念を受け入れる」とあります。神様の御心もここに合わさっています。

　私は「ノー」と言えるようになり, ある人との共生関係を修正し,「わたし」の人生を歩む楽しさを味わっています。まだまだ変化の途上ですが,「人の助けになる」と思って始めた学びが自分自身のためでもあったことに気づきました。自分自身が整えられていくなかで自分を愛したいと思えてくると, もっと愛が湧いてきて神様への感謝と周囲の人々への愛が増してくると実感しています。(M. I.)

こころのケア講座を学んで

　私がこころのケアに興味を持ったのは, 自分をもっと理解し, 少しでも成長したいという軽い気持ちからでした。当時の私は, キリスト教に親近感はあるものの, クリスチャンではなかったので, 心理学のほうにより興味を覚えて学びを始めました。

　私はごく一般的な仏教徒の家庭に生まれ育ちましたが, 幼児期にたまたま近所にできたキリスト教系の幼稚園に通ったことでキリス

ト教に出会いました。幼い私にとって"神様"という存在は，よくわからないながらも大切な存在として記憶され，そのまま心の片隅に居続けることになりました。

　その後，私は人生の節々で教会やクリスチャンの方たちと関わりながら生きてきました。留学中は，教会の司祭様に下宿先を紹介してもらうなどとてもお世話になり，結婚の際もクリスチャンだった義母の要望で，教会で式を挙げさせていただいたり，夫の仕事でシンガポールに駐在したときは，子どもを教会系の幼稚園に通わせ，教会の英語教室に通ったりしました。帰国後，クリスチャンの友人からイエス様の話を聞くようになりました。

　あるとき，自分がいかに自己中心的に生きてきたかに思い至り，変わりたいと強く願いましたが，自分がクリスチャンになることにはかすかな抵抗がありました。聖書の教えには素晴らしいと思う箇所も多くありましたが，ある部分では矛盾や疑問を感じ，釈然としない思いを抱いてしまうのです。こころのケアを学び始めたのは，ちょうどそのころでした。

　神様を信じたいけれど，「心から納得できていない」という葛藤を抱えながら，こころのケアの学びを進めていくうちに，少しずつ聖書への理解が深まっていきました。やがて，霊的アイデンティティについて学んだとき，自分がみことばを"頭"で理解しようとしていたことに気づきました。頑なだった心がほぐれていくにつれて，次第にみことばの真理とその力を知ることができました。自分の中にあった迷いが消え，喜びがあふれてくるのを感じました。

　私が神様に出会ってからイエス様を救い主として受け入れるまで，長い年月を要しましたが，その時間も神様が用意してくださっていた試練だったと感謝しています。これからも試練はまだまだ続きますが，さらに成長し，神様の望まれる自分に近づけるよう祈り続けています。(H. M.)

カウンセリングを受けて

　私は東日本大震災で家を追われ，そのとき一緒にいた教会員の家族と避難をしました。転々と場所を変え，いろんな方にお世話になりながら，3月31日，奥多摩福音の家に福島第一聖書バプテスト教会が来ることをきっかけに私も合流し，1年ほど滞在しました。

　夏ごろだったでしょうか，福音の家で避難生活を送っている私たちのために，カウンセラーの方たちがカウンセリングやマッサージをしに来てくださいました。最初はマッサージだけお願いしていた私ですが，何人かの方がカウンセリングを受けていたのを見て，私も受けてみようという気持ちになりました。

　そのときの私には，震災によってこれからどうやって生きていったらよいのかという不安だけでなく，震災以前からの，平安を感じられない思いがありました。心のどこかで自分が真実に生きていないように感じていたのです。牧師先生のメッセージを聞いてうなずきつつも心には何か葛藤のようなものがありました。

　クリスチャンのカウンセラーということもあって，身構えることもなく，正直に話すことができました。話したことで，ずいぶん心が軽くなりました。これまでの私は，みことばを表面だけで受けとめて，信仰で生きていなかったこと，また，今まで物事に流され，また相手の感情を害さないようにふるまっていたことにも気づかされ，それによって自分も傷ついていたことを知りました。今回カウンセリングを受けたことで，自分の心の底ときちんと向き合うことができ，80を超えた私が，生まれ変わったように感じました。

　震災はつらかったのですが，カウンセラーとの出会いによってさらに神様を見上げて歩めるようになりました。そして今，教会が建てたアパートに住み，神様に感謝しながら平安に過ごしています。
(U. T.)

カウンセリングを受けて，自分の中で何かが変わってくるのがわかった

　以前の私は，生きているのがつらくて，何をする気にもなれず，できることなら何もせずに餓死してしまいたいとさえ思っていました。子どものころ，親から虐待を受けていたので，だれも，何も，自分自身さえ信じられなくて，その苦しみをだれにも話すことができず，生きていても死んでいるのと同じようなものだと感じていました。

　でもカウンセリングを受け始めてから，少しずつ自分の中で何かが変わってくるのがわかりました。人を信じられるようになり，楽しいことや自分のしたいことなど，将来のことを少しは前向きに考えられるようになってきました。

　今は働きながら大学に通い，もう死にたいとは思わなくなりました。(M. K.)

おわりに

　想像してみてください。もしも教会がメンバーの感情的・霊的な成熟を助けるためにこころのケアを行ったなら，どうなるでしょう。教会だけでなく地域の心の弱った人々に寄り添うためにこころのケアを学ぶ場でもあったら，どうなるでしょう。クリスチャン一人ひとりが本当に修復され，必要な備えがなされたら，教会や地域にどんな変化が起こるでしょう。

　そうしたことから"霊的な目覚め"が始まっていくのではないでしょうか。

　これからますます自然災害や戦争，飢餓や疫病などによって苦悩が増していくとき，クリスチャンを癒やし整えることは，教会を揺るぎないものにし，避けどころとしての使命を果たすうえで大切です。

　最後にパウロの言葉を再び思い起こしながら，みなさまに心からお願いします。

　兄弟姉妹たち，あなたがたに心から頼みます。与えられた才能や能力を生かすよう神様が用意された場所についていない人を，優しく論してください。心の弱った人を優しい言葉で慰め励まし，元気づけてください。自分を無価値と感じている傷つきやすい人を助け，大切にケアしてください。

　神様の御心が行われますように。

◆こころのケア 講座

一般社団法人 KCC&T
こころのケア カウンセリング&トレーニング

ホームページ：https://kccandt.com/

監修：Enpreinte Formation
HP：relation-aide.com

天野ダニエル（あまの・だにえる）

1953年，フランスに生まれる。教師の資格を取得。
1975年に日本人と結婚し，来日。リセ・フランス
で教鞭をとる。2007年に，セミネール・アンプラ
ントのカウンセラーの資格を取得し，教会でこころ
のケアを始める。セミネール・アンプラントの講座
を日本人に紹介するために2012年6月に一般社団
法人KCC&T（こころのケアカウンセリング＆トレ
ーニング）を設立し，カウンセリングおよびカウン
セリング講座を行っている。

＊聖書 新改訳 2017 © 2017 新日本聖書刊行会

悩めるクリスチャンへのこころのケア

2021年8月20日 発行
2024年2月10日 再刷

著　者　天野ダニエル
訳　者　平岡美保子，吉澤京子
イラスト　吉澤夏実
印刷製本　いのちのことば社印刷部

発　行　いのちのことば社
〒164-0001 東京都中野区中野2-1-5
電話 03-5341-6922（編集）
03-5341-6920（営業）
FAX03-5341-6921
e-mail:support@wlpm.or.jp
http://www.wlpm.or.jp/